Bacovsky/Drexler/Resl

DER DOPPELTE DURCHBLICK

Aufsätze schreiben
Textrechnungen

3. Klasse Volksschule

www.ggverlag.at

ISBN 978-3-7074-2197-2

1. Auflage 2018

Dieser Band enthält die Titel:
Ich hab den Durchblick – Textrechnungen, 3. Klasse, ISBN 978-3-7074-1350-2 (Henrietta Bacovsky, Christine Drexler)
Ich hab den Durchblick – Textmeister – So schreibe ich Aufsätze!, 3. Klasse, ISBN 978-3-7074-0522-4, SBNR: 125749
(Angelika Resl)

Die Aufnahme in den Anhang zur Schulbuchliste für die 3. und 4. Klasse Volksschule im Unterrichtsgegenstand Deutsch, Lesen, Schreiben wurde vom Bundesministerium für Bildung mit GZ BMBF-5.001/0111-IT/3/2016 für den Titel „Ich hab den Durchblick 3 – Textmeister – So schreibe ich Aufsätze!" vom 14. Juli 2016 empfohlen.

Illustration Tiger auf Cover: Elena Obermüller
Illustration Cover: Elke Broska
Illustration Textmeister – So schreibe ich Aufsätze!: Elena Kratzer
Illustration Textrechnungen: Katrin Wolff

Printed by Litotipografia Alcione, Lavis-Trento, über Agentur Dalvit, D-85521 Ottobrunn

© 2018 G&G Verlagsgesellschaft mbH, Wien
Alle Rechte vorbehalten. Jede Art der Vervielfältigung, auch die des auszugsweisen Nachdrucks, der fotomechanischen Wiedergabe sowie der Einspeicherung und Verarbeitung in elektronische Systeme, gesetzlich verboten.
Aus Umweltschutzgründen wurde dieses Buch auf chlorfrei gebleichtem Papier gedruckt.

Inhalt

Aufsätze schreiben

Hallo, du eifrige/r Aufsatzschreiber/in 5
Vor dem Schreiben 6
Die Bildgeschichte 7
Die Erlebniserzählung 12
Die Reizwortgeschichte 16
Die Fantasiegeschichte 20
Die Einladung 24
Der Dialog 28
Der Brief 32
Die Sachbeschreibung 36
Die Personenbeschreibung 40
Ein Formular ausfüllen 42
Nach dem Schreiben 44

Textrechnungen

Plusrechnungen: Dazugeben 46
Minusrechnungen: Wegnehmen 48
Malrechnungen: Vervielfachen 50
Geteiltrechnungen: Teilen 52
Textrechnungen im Zahlenraum 100 54
Rechnen mit Euro im Zahlenraum 100 56
Rechnen mit Kilogramm im Zahlenraum 100 57
Rechnen mit Längen im Zahlenraum 100 58
Rechnen mit Liter im Zahlenraum 100 59
Rechnen mit Zeit 60
Gemischte Beispiele 61
Textrechnungen mit reinen Hundertern 62
Textrechnungen im Zahlenraum 1 000 64
Von der Einheit zur Mehrheit 66
Umfang 68
Rechnen mit Tabellen 72
Am Bahnhof 74
Gemischte Beispiele 76
Auf der Schatzinsel 78

Liebe Eltern, liebe Lehrerinnen und Lehrer!

Mit dem vorliegenden Buch soll den Kindern eine Möglichkeit geboten werden, möglichst selbständig die häufigsten Textarten der 3. und 4. Schulstufe zu üben.
Die Übungen eignen sich sowohl für das Arbeiten zuhause, als auch für den Einsatz im Unterricht.
Das Kind kann zwar alleine arbeiten, trotzdem sollte anschließend gerade bei Texten auf eine Rückmeldung nicht ganz verzichtet werden.
Die Geschichten jemandem vorlesen zu dürfen, der interessiert zuhört, ist schön und belohnt für das Kind den Arbeitsaufwand. In der Klasse können die Geschichten in Gruppen vorgelesen und dann nach den in der Klasse geltenden Kriterien für das Schreiben von Texten von den Kindern besprochen werden.
Wichtig ist dabei immer, die Freude am Schreiben, am kreativen Umgang mit Sprache zu erhalten und zu fördern.
Alle Arbeiten der Kinder sind ein Ausdruck ihrer Persönlichkeit und sollen anerkannt und wertgeschätzt werden.
Da es hier in erster Linie um Textgestaltung geht, ist der Aspekt der richtigen Rechtschreibung nicht so sehr in den Vordergrund gerückt. Trotzdem werden die Kinder bei den Übungen immer wieder auch aufgefordert, gezielt ein Rechtschreibproblem unter die Lupe zu nehmen und genau darauf zu achten.
Allerdings sollte immer erst nach dem Schreiben korrigiert werden, damit das ungehemmte Schreiben nicht gebremst wird.

Angelika Resl

Hallo, du eifrige/r Aufsatzschreiber/in!

Es ist ganz toll, dass du selbständig das Schreiben von Aufsätzen üben willst!
Du hast hier ein Buch in der Hand, das dir helfen soll, die wichtigsten Textarten zu üben, die du in der 3. und 4. Klasse brauchst. Damit du dabei wirklich etwas lernen kannst, hier einige Tipps:

- Wenn du zu arbeiten anfängst, schau, dass du nicht gestört wirst und plane dir genügend Zeit ein!

- Denke nie, dass deine Geschichten nicht interessant werden können. DU kannst sie so schreiben, dass jeder sie gerne lesen will!

- Mach dir nicht zu viele Sorgen wegen der Rechtschreibung. Wichtig sind bei diesen Übungen in erster Linie deine Texte!

- Beherzige die Ratschläge „Vor dem Schreiben" wirklich vor JEDER Geschichte.

- Nimm dir auch Zeit für kurze Pausen während des Schreibens, in denen du an etwas völlig Anderes denkst!

- Wenn du mit einer Geschichte fertig bist, überprüfe sie noch einmal gründlich anhand der „Checkliste", die du auf Seite 44 in diesem Buch findest.

- Lies dir deine Geschichten selber halblaut vor und suche dir dann jemanden, dem du sie mit guter Betonung vorlesen kannst.
  Du wirst staunen, wie gut deine Geschichten den Zuhörern gefallen werden!

Vor dem Schreiben

Was du bei jeder Geschichte beachten musst:

- Denke dir deine Geschichte im Kopf vorher durch. Du kannst dir dabei schon Stichworte und wichtige Punkte notieren.
- Überlege: Was schreibe ich in der Einleitung, was ist der Höhepunkt, was kann ich als Abschluss schreiben?
- Verwende die richtige Zeit!
- Vergiss nicht auf Punkte, Beistriche, Redezeichen, Fragezeichen und Rufzeichen!
- Achte darauf, dass du nicht immer die gleichen Wörter verwendest.
- Versuche, für Begriffe, die häufig vorkommen, verschiedene Wörter mit gleicher Bedeutung zu finden.
- Sätze in der direkten Rede lockern das Geschriebene auf und machen den Text interessanter.
- Schreibe auch über deine Gefühle, besonders in Erlebniserzählungen.

Die Bildgeschichte

Bei einer Bildgeschichte sollst du zu vorgegebenen Bildern eine Geschichte schreiben. Du brauchst dir also nicht selber etwas auszudenken, sondern das aufschreiben, was auf den Bildern dargestellt ist. Du kannst eine Bildgeschichte in der Jetzt-Zeit (Gegenwart, Präsens) oder aber auch in der Erzählzeit (Mitvergangenheit, Präteritum) schreiben.
Manchmal kann es vorkommen, dass die Bilder der Geschichte durcheinandergeraten sind. Dann musst du sie zuerst in die richtige Reihenfolge bringen, bevor du deine Geschichte schreiben kannst.

- Schau dir ein Bild nach dem anderen an und schreibe dir für jedes Bild einige Stichworte auf.
- Gib den Personen auf den Bildern Namen!
- Dann kannst du mithilfe dieser Stichworte zu jedem Bild einige Sätze schreiben. Du solltest auf jeden Fall für jedes Bild einen Satz haben, kein Bild darf ausgelassen werden, drei bis vier Sätze pro Bild wären aber noch viel besser.
- Baue auch einige gesprochene Sätze in direkter Rede ein, das macht die Geschichte interessanter.
- Trotzdem darfst du nichts völlig Neues dazuerfinden.

Die Bildgeschichte

Überfall!

Die Bildgeschichte

Das hätten sich Erva und Peter nie gedacht, dass sie heute so etwas Aufregendes erleben würden!

Wörter, die du brauchen kannst:

> gemütlich spazieren, plaudern, mit einem kräftigen Ruck, blitzschnell, Tasche entreißen, davonlaufen, Sturz, aufgeregt, erschrocken, beruhigen, Polizeinotruf 133, Beamte, genaue Auskunft, Befragung, verabschieden, Dank, bedanken

Die Bildgeschichte

Muttertag

Die Bildgeschichte

Verflixt! Jakub hätte seiner Mama so gerne heute ein Überraschungsfrühstück vorbereitet, aber leider …

Wörter, die du vielleicht brauchen kannst:

> heimlich, leise, verschlafen, Tisch decken, Milch aufstellen, Badezimmer, Zähne putzen, Geruch, der in die Nase steigt, zischendes Geräusch aus der Küche, in die Küche stürmen, Pech, trotzdem, lachen, umarmen

Die Erlebniserzählung

In einer Erlebniserzählung sollst du Ereignisse erzählen, die dir selber passiert sind. Das können traurige, lustige, seltsame oder spannende Erlebnisse sein.

Du musst dabei folgende Punkte beachten:

- Schreibe in der Erzählzeit (Präteritum)!
- Beginne mit einer kurzen Einleitung.
- Im Hauptteil erzähle das eigentliche Erlebnis.
  Versuche, in diesem Teil einen Höhepunkt herauszuarbeiten.
  Der Hauptteil ist der wichtigste und längste Teil der Geschichte.
  Beschreibe deine Gefühle. Baue Redesätze oder Gedanken ein.
- Am Ende schreibe noch einen kurzen Schlussteil oder zumindest einen Abschlusssatz.

Überlege dir vor dem Schreiben den Aufbau deiner Geschichte.
Du kannst auch vorher noch eine Sammlung von Wörtern machen, die für deine Geschichte wichtig sein könnten.
Einige wichtige Wörter sind in diesem Buch schon für dich gesammelt.

Übungsthemen:

- Das werde ich nie vergessen!
- War das eine Überraschung!
- Da konnte ich wirklich helfen!
- Das hat weh getan!
- Stellt euch vor, was ich Spannendes erlebt habe!
- Das war leichtsinnig!
- In letzter Sekunde!

Bevor du selber zu schreiben beginnst, kannst du ein Erlebnis lesen, das Robert aufgeschrieben hat:

Die Erlebniserzählung

Ein Erlebnis im Wald

"Robert, erkunden wir doch einmal den Wald hinter dem Haus", sagte mein Freund Felix zu mir, als wir bei meiner Oma in Kirchberg zu Besuch waren. Ich war begeistert von seinem Vorschlag und wir machten uns gleich auf den Weg.
Der Wald hinter Omas Haus ist ziemlich groß und alleine war ich noch nicht sehr weit in ihn hineingekommen. Aber diesmal, mit Felix, war es etwas anderes. Wir spielten "Anschleichen". Wer am leisesten über den Waldboden gehen konnte, war Sieger. Völlig leise kamen wir so immer weiter in den Wald hinein.
Da – ein Knacksen! Von mir kam es nicht und auch Felix war auf keinen Zweig getreten. Was konnte das sein? Auf Zehenspitzen blieben wir beide stehen. Jemand anders hatte ein Geräusch gemacht! Wir schauten uns an. So tief im Wald hatten wir nun doch ein etwas mulmiges Gefühl!
Da blickte ich zur Seite und was sah ich? Ein Reh! Ganz in unserer Nähe! Es stand still da und schaute mit aufgerichtetem Kopf herum. So nahe hatte ich ein Reh noch nie gesehen! Ich wagte fast nicht zu atmen! Da drehte es den Kopf zu uns herüber, sah genau in unsere Richtung und schaute mir genau ins Gesicht. Aber plötzlich, so rasch, dass ich richtig erschrak, drehte es sich weg, sprang mit wenigen Sprüngen ins Unterholz und verschwand.
Verdutzt blickten Felix und ich uns an. Wir waren beide begeistert von diesem Anblick und fühlten uns gleich wie richtige Tierbeobachter!

Die Erlebniserzählung

So ein Spaß!

Wörter, die du vielleicht brauchen kannst:

Spaß, Freude, lustig, herzhaft lachen, vor Lachen den Bauch halten, kichern, lauthals brüllen, schallend lachen, grinsen

Hier kannst du jetzt deine Geschichte aufschreiben:

_____
_____
_____
_____
_____
_____
_____
_____
_____
_____
_____
_____
_____

Die Erlebniserzählung

Es war schrecklich!

Wörter, die du vielleicht brauchen kannst:

Angst, sich fürchten, Verzweiflung, vor Angst zittern, erschrecken, unheimlich, Gänsehaut, die Knie schlottern, den Atem anhalten, Schreck, kalter Schweiß

Hier nun deine Geschichte:

Die Reizwortgeschichte

Bei einer Reizwortgeschichte versuchst du, aufgrund von vorgegebenen Wörtern eine Geschichte zu erfinden, in die du die angegebenen Wörter einbauen sollst.
Du musst die Geschichte also nicht wirklich erlebt haben und darfst auch etwas erfinden, was es in Wirklichkeit nicht gibt.
Du kannst die Reizwortgeschichte in der Erzählzeit (Präteritum), aber auch in der Gegenwart (Präsens) schreiben.
Du sollst auch hier wieder auf eine Gliederung in Einleitung, Hauptteil und Schluss achten.
Gut ist es auch, wenn du dir für deine Geschichte eine eigene Überschrift ausdenkst.

Eigene Überschrift:

Wenn du dir eine eigene Überschrift für eine Geschichte ausdenkst, dann bedenke:

- Die Überschrift soll den Leser neugierig auf das Geschriebene machen!
- Sie darf aber noch nicht zu viel verraten.
- Sie soll nicht zu lang sein.
- Es kann auch ein einzelnes Wort oder eine Wortgruppe sein.
- Du kannst die Überschrift schon vor dem Schreiben, aber auch erst nachher formulieren.

Die Reizwortgeschichte

Hier eine Reizwortgeschichte, die Sophie geschrieben hat:

Schule – verletzter Hund – Besitzer

Struppi

Marie wollte heute nach der Schule sofort nach Hause, denn ihre große Schwester, die in England studierte, war zu Besuch. Rasch lief sie die Rainerstraße entlang. Als sie bei den großen Mülltonnen vorbeikam, hörte sie plötzlich ein Winseln. Sie blieb stehen und blickte sich um. Da sah sie zwischen den grauen Tonnen einen kleinen Hund, der sich zitternd in die Ecke kauerte. Er war schwarz und hatte einen braunen struppigen Bart. Anscheinend war er verletzt. Vielleicht hatte ihn ein Auto angefahren? Marie wollte ihm unbedingt helfen. „Ich darf keine fremden Tiere angreifen, aber ich werde Papa holen", dachte sie. Schnell lief sie nachhause. Dort staunten ihre Schwester und ihre Eltern nicht schlecht, als sie von dem Hündchen erzählte. „Papa, komm, helfen wir ihm!" Papa zögerte nicht lange und ließ sich von Marie zu den Mülltonnen führen. Das Hündchen zitterte und winselte immer noch. „Marie, du hast recht, wir müssen ihm helfen", sagte Papa. Er verständigte mit seinem Handy die Tierrettung. Einige Minuten später bog auch schon der Rettungswagen in die Rainerstraße. Ein Mann und eine Frau stiegen aus. Die Frau war Tierärztin. Sie nahmen den Hund mit, um ihn genau zu untersuchen und festzustellen, wem er gehörte. „Wir werden morgen nachfragen. Wenn man keinen Besitzer findet, behalten wir ihn", sagte Papa.

Die Reizwortgeschichte

Geheime Nachricht – Versteck im Wald – Entführung

Deine Überschrift:

_____

Deine Geschichte:

_____
_____
_____
_____
_____
_____
_____
_____
_____
_____
_____
_____
_____
_____

Suche alle Tunwörter, schau nach, ob sie kleingeschrieben sind und ob sie in der richtigen Personalform stehen. Stehen alle in der Erzählzeit (Präteritum)?

Die Reizwortgeschichte

Schiurlaub – flotter Abfahrer – wo sind die anderen?

Deine Überschrift:

___

Deine Geschichte:

___

___

___

___

___

___

___

___

___

___

___

Wenn du fertig bist: Kontrolliere diesmal nach einer Pause auch die Rechtschreibung aller Namenwörter! Schau, ob auch wirklich alle großgeschrieben sind. Verwende ein Wörterbuch!

Die Fantasiegeschichte

Bei einer Fantasiegeschichte kannst du etwas völlig Eigenes erfinden. Du darfst dir eine Geschichte ganz frei ausdenken und sie muss auch in Wirklichkeit nicht so passieren können. Man kann sich Personen, Orte, Tätigkeiten und Dinge ausdenken, die es in Wirklichkeit gar nicht gibt. Trotzdem muss die Geschichte logisch sein. Auch die Reihenfolge der Ereignisse muss so sein, dass man die Geschichte beim Lesen versteht und sich auskennt.

Manchmal kann man bei der Fantasiegeschichte den Aufbau von Einleitung, Hauptteil und Schluss etwas auflockern, indem man zum Beispiel gleich mitten in der Geschichte beginnt.

Auch hier gilt wieder:

- Den Personen oder Wesen Namen geben!
- Direkte Rede einbauen!
- Gefühle ausdrücken
- Sätze nicht immer gleich anfangen (Schreibe bitte nicht immer „und dann ...")

Hier eine Fantasiegeschichte von Martina:

Ein Weitschuss!
Ümit rannte auf den Ball zu, holte aus und schlug mit seinem rechten Fuß mit voller Wucht darauf. Der Ball flog hoch hinauf, dann noch höher, höher und höher, bis Ümit ihn nicht mehr sehen konnte. „Jetzt reicht's mir", dachte der Ball, „warum soll ich mich dauernd herumwerfen lassen? Ich will jetzt fliegen!" Und so stieg er noch ein bisschen höher, weil da das Fliegen etwas leichter war. Wenn er hinunterblickte, konnte er noch

Die Fantasiegeschichte

einige Zeit die Kinder auf dem Fußballplatz sehen, die ihm erstaunt nachblickten, dann wurden sie immer kleiner und verschwanden. Plötzlich hörte er hinter sich eine Stimme: „He, was machst du da? Hier heroben habe ich außer ein paar Vögeln schon lange niemand mehr getroffen!" Der Ball drehte sich um und sah einen Drachen. Er war aus dünnem Plastik und hatte das Gesicht einer Comicfigur, die der Ball schon auf einigen Bildern in Ümits Zimmer gesehen hatte. „Also, i-i-ich wollte ein bisschen fliegen", stammelte der Ball und hoffte, dass er den Drachen durch seine Anwesenheit nicht verärgert hatte." „Gut, ist schon o. k. Ich bin Superfly. Beim letzten starken Wind wurde ich beim Drachensteigen von meiner Schnur gerissen und seither fliege ich hier herum. Wer bist du?" „Ich? Also, ich bin, ich bin – also, ich bin – ein Ball!", antwortete der Ball. Nachdem sie sich nun vorgestellt hatten, flogen sie gemeinsam weiter. Superfly machte seinem Namen alle Ehre und flog wie ein richtiger Profi. Er erzählte dem Ball, dass er dieses Leben in den Lüften sehr genoss und gar nicht mehr zurück auf die Erde wollte. Das war bei dem Ball anders. Nach einiger Zeit wurde ihm das Fliegen langweilig und er wäre gerne wieder auf der Erde gelandet. Aber wo sollte er hin? Er fragte Superfly und dieser machte einen großen Bogen in der Luft. Der Ball folgte ihm und kurz darauf waren sie wieder über dem Spielplatz, auf dem Ümit gespielt hatte. Langsam ließ sich der Ball zu Boden sinken. „Danke! Es war nett dich kennengelernt zu haben", rief er Superfly noch zu und landete mitten auf dem Fußballplatz. Gemütlich rollte er unter eine Bank. Dort wurde er einige Zeit später von Ümit gefunden, der schon überall ganz verzweifelt seinen Fußball gesucht hatte.

Die Fantasiegeschichte

Pia lag am Strand und schaute in den Himmel. Da sah sie, wie sich zwei Wolken zu Gesichtern formten und bemerkte, dass sie zu sprechen begannen. Pia hörte gespannt zu ...

Deine Überschrift:

Die Fantasiegeschichte

_____
_____
_____
_____
_____
_____
_____
_____
_____
_____
_____
_____

Weitere Themen für Fantasiegeschichten:

- 🐾 Die Erlebnisse eines alten Teddys, der auf den Müll geworfen wird
- 🐾 Sebastian saß an seinem Schreibtisch. Plötzlich begann sein alter Stoffhund zu sprechen …
- 🐾 Eines Nachts sah Jasmina im Traum eine Fee. Sie sagte zu ihr: „Du hast drei Wünsche frei!" Jasmina überlegte …
- 🐾 Eines Tages im Jänner beschlossen alle Schneeflocken in Wien, im Frühling nicht mehr zu schmelzen

Die Einladung

Einladungen sind wichtige Schriftstücke. Du brauchst eine Einladung für jedes Fest, das du veranstalten möchtest, und für andere Treffen, zu denen du verschiedene Leute bitten möchtest.

Eine Einladung kann ganz frei gestaltet werden.

Du musst dich nicht unbedingt an Zeilen halten, kannst die Schriftart und die Schriftgröße variieren und deine Einladung persönlich gestalten.

Trotzdem darfst du auf einige wichtige Punkte nicht vergessen:

- Wer wird eingeladen?
- Ort der Veranstaltung. Wo findet sie statt?
- Datum der Veranstaltung. An welchem Tag findet sie statt?
- Zeit der Veranstaltung. Wann beginnt sie? Wann endet sie?
- Ist bestimmte Kleidung notwendig?
- Muss etwas Bestimmtes mitgebracht werden?
- Wer lädt ein?

Schreibe eine Einladung rechtzeitig, damit der Gast deine Veranstaltung einplanen kann!

Die Einladung

Hier ist eine Einladung, die Martin an die Freunde seines Bruders verteilt hat:

> Hallo _____!
>
> Streng geheim!
>
> Ich möchte dich herzlich einladen zum
>
> **10. Geburtstag von Sebastian**
>
> Wo: Kremsdorf, Turmgasse 17
> Wann: 15. März von 13 bis 17 Uhr
> Bitte bring mit: Gute Laune und Hausschuhe!
>
> Wichtig: Nichts verraten, es soll eine Überraschung werden!
>
> Ich freue mich auf dein Kommen!
>
> Martin

Die Einladung

Du hast einen großen Garten mit Schwimmbecken und möchtest deine besten Freunde zu einem Bade- und Grillnachmittag einladen: Schreibe eine Einladung!

Die Einladung

Du veranstaltest am 26. 2. um 14 Uhr eine Faschingsparty unter dem Motto „Comics". Schreibe eine Einladung.

Der Dialog

Der Dialog ist ein Gespräch zwischen zwei Menschen.
Man schreibt also auf, wie zwei Menschen miteinander sprechen.
Dabei schreibt man zuerst den Namen des Sprechenden, dahinter einen Doppelpunkt und dann das, was er sagt, zwischen zwei Redezeichen. So weiß der Leser genau, wer spricht und was gesprochen wird.

Hier hast du ein Beispiel für einen Dialog in einem Geschäft.
Klara hat zum Geburtstag eine CD bekommen, die sie schon hat.
Sie möchte sie umtauschen.

Verkäuferin: „Guten Tag, kann ich dir helfen?"
Klara: „Guten Tag. Ja, bitte. Ich habe eine CD bekommen, die ich leider schon habe. Könnte ich sie umtauschen?"
Verkäuferin: „Hast du den Kassazettel noch?"
Klara: „Ja, zum Glück haben meine Eltern ihn aufgehoben. Hier ist er."
Verkäuferin: „Aha, mhh, ja, das stimmt. Du kannst dir in dem Regal links hinten eine andere CD aussuchen. Wenn du eine gefunden hast, kommst du wieder zu mir und ich gebe dir eine Umtauschquittung für die Kassiererin. O. k.?"
Klara: „Ja, danke. Ich weiß auch schon, welche ich mir nehmen möchte. Ich hole sie gleich. Hier ist sie."
Verkäuferin: „Gut. Hier hast du deine Quittung für die Kassa."
Klara: „Dankeschön und auf Wiedersehen!"
Verkäuferin: „Auf Wiedersehen!"

Der Dialog

Du siehst oben Peter und seinen Onkel Franz. Schreib auf, wie Peter seinem Onkel von dem Fußballspiel erzählt, bei dem er sein erstes Tor geschossen hat!

Der Dialog

Karoline ärgert sich heute sehr über ihre Schwester, weil sich diese ohne zu fragen einfach Karolines Pullover ausgeborgt hat.
Schreib dieses Gespräch auf!

Der Dialog

Martin hat beim letzten Volleyballtraining seine neue Uhr in der Garderobe vergessen. Er kommt zurück und bittet den Hallenwart, ihm die Garderobe noch einmal aufzusperren. Schreib dieses Gespräch auf!

Der Brief

Briefe sind etwas sehr Schönes. Jeder freut sich, wenn er einen lieben Brief von jemandem erhält. Besonders schön sind handgeschriebene Briefe, aber auch ein E-Mail macht Freude.
Bei beiden sollte man folgende Punkte beachten:

- In einem Brief sollte zuallererst das Datum stehen.

- Wenn du an einen Erwachsenen schreibst, der nicht zu deiner Familie gehört oder den du nicht sehr gut kennst, musst du ihn in deinem Brief mit „Sie" anreden. Alle Formen dieses höflichen „Sie", zum Beispiel „Ihnen, Ihre, Ihr ..." schreibt man im Brief groß! Man will dadurch eine besondere Höflichkeit ausdrücken.

- Bei einem Brief an Freunde, Eltern, Verwandte und gute Bekannte schreibst du einfach „du". Die Formen des „du", so wie „dein, dich, deine ..." darfst du immer kleinschreiben.

- Der Brief beginnt meist mit einer kurzen Begrüßung, sozusagen einer Einleitung. Man kann sich darin erkundigen, wie es dem anderen geht oder was er macht.

- Dann kommt das, was du in deinem Brief erzählen willst, wie der Hauptteil in einer Erlebniserzählung. Bei einem langen Brief können auch mehrere Erlebnisse erzählt werden.

- Am Ende wieder einige Abschlusszeilen, in denen man eine kurze Vorausschau auf die nächste Zeit machen oder sich einfach nett verabschieden kann.

- Ganz zum Schluss kommt deine Unterschrift.

Der Brief

Hier ist ein Brief, den die Zwillinge Ines und Josef von ihren Projekttagen in Linz an ihre Eltern geschrieben haben:

Linz, am 17. Juni 20..

Liebe Mama, lieber Papa!

Endlich kommen wir dazu, euch zu schreiben. Wir hoffen, bei euch ist alles in Ordnung und ihr vermisst uns noch nicht zu sehr.

Bei uns in Linz ist einiges los. Stellt euch vor, wir haben schon eine Stadtrundfahrt, einen Besuch beim ORF und auch einen Besuch im Botanischen Garten hinter uns! Außerdem waren wir im Linzer Stadion. Dort durften (oder sollen wir schreiben mussten? Hi, hi!) wir eine Runde um das ganze Stadion laufen. Heute am Nachmittag waren wir im Theater des Kindes und sahen das Stück „Vampire auf Sendung". Es war echt lustig. Nach der Vorstellung bekamen wir alle Autogramme der Schauspieler und Theaterplakate für unsere Klasse.

Morgen ist schon wieder unser letzter Tag. Da machen wir eine Wanderung auf den Schlossberg und besichtigen dann noch die Martinskirche.

Obwohl es uns hier sehr gut gefällt, freuen wir uns trotzdem schon wieder auf zuhause!

Viele liebe Grüße
Ines und Josef

Der Brief

Du bist mit deinen beiden besten Freunden/Freundinnen auf einer Ferienwoche im Gebirge. Ihr habt schon eine lange Wanderung, eine Klettertour und ein Lagerfeuer gemacht.
Schreibe deinen Eltern einen Brief!

Der Brief

Schreibe einen Brief an deine Freundin/deinen Freund, in dem du ihr/ihm von einem Sommertag an einem See erzählst.
(baden, Bootsfahrt, Picknick, tauchen, Eis essen …)

Die Sachbeschreibung

Wenn man Sachen (Dinge) beschreiben will, muss man eine Wortart sehr häufig verwenden, nämlich das Wiewort (Eigenschaftswort). Wiewörter sagen uns, wie Dinge oder Personen und Tiere sind. Um Dinge genau zu beschreiben, muss man Wiewörter für die verschiedenen Merkmale kennen.

Hier eine Sammlung von Merkmalen und dazupassenden Wiewörtern:

- Größe: groß, klein, riesengroß, winzig, mittelgroß, gigantisch
- Form: rund, eckig, oval, viereckig, länglich, schmal, breit, eng, weit
- Farbe: rot, gelb, dunkel, hell, leuchtend, grell
- Material: Wolle, Stein, Kunststoff, Plastik, Leder, Metall, Holz, Erde, Papier, Stoff

Wenn du bei deinem Gegenstand alle diese Merkmale beschrieben hast, kannst du auch noch erwähnen, wozu man das Ding gebrauchen kann, wer es verwendet, wo es verwendet wird oder warum es für dich wichtig ist.

Die Sachbeschreibung

Hier beschreibt Klemens seinen Schulrucksack:

Mein neuer Rucksack

Ich habe seit gestern einen neuen Rucksack. Er ist aus dunkelgrünem Stoff mit braunen Lederbesätzen.
Meine Schulsachen habe ich im großen Hauptfach in der Mitte. Dieses Fach ist so groß, dass alle meine Hefte und Bücher hineinpassen. Das Fach wird verschlossen durch eine große Klappe. Auch sie ist dunkelgrün. Vorne in der Mitte hat sie ein durchsichtiges, schmales Fach für meinen Busausweis. So ist er gut sichtbar und ich brauche ihn nicht herausnehmen, wenn ich in den Bus einsteige.
An jeder Seite hat der Rucksack auch noch ein kleineres Außenfach für alle möglichen Dinge. Ich gebe auf der rechten Seite meine Jause und auf der linken Seite meine Trinkflasche hinein. Vorne, ganz unten, unter der großen Verschlussklappe ist noch ein Fach mit einem Reißverschluss. Da hinein gebe ich mein Geldtascherl.
Die beiden Riemen zum Umhängen sind aus braunem Leder. Man kann ihre Länge verstellen. Sie sind weich gepolstert und drücken nicht an den Schultern. Außerdem ist noch der ganze Rucksack innen verstärkt, sodass er gerade auf meinem Rücken hängen kann und meiner Wirbelsäule nicht schadet. Heute konnte ich ihn zum ersten Mal verwenden und habe mich richtig darüber gefreut!

Die Sachbeschreibung

Suche dir etwas für eine Beschreibung aus:

- 🐾 Mein liebstes Spielzeug
- 🐾 Mein Zimmer
- 🐾 Mein liebstes Kleidungsstück
- 🐾 Mein Geldtascherl
- 🐾 Meine Schultasche
- 🐾 Mein Schreibtisch

Die Sachbeschreibung

Die Personenbeschreibung

Wenn du eine Person beschreiben willst, solltest du sie so beschreiben, dass sie sich jemand, der sie nicht kennt, trotzdem gut vorstellen kann.
Du kannst dabei schrittweise vorgehen:

- Beginne damit, ob es sich um einen Buben, ein Mädchen, einen Mann oder eine Frau handelt.
- Schreibe das Alter der Person.
- Beschreibe das Äußere der Person der Reihe nach.
- Schreibe die ungefähre Größe und die Figur (groß, klein, mittelgroß, schlank, stämmig, dick, schlaksig, pummelig, dünn).
- Beschreibe den Kopf, die Frisur, das Gesicht (Haarfarbe: schwarz, blond, braun, brünett. Haarlänge: lang, kurz, mittellang, kurz geschoren, stoppelig. Gesicht: rund, oval, schmal, länglich, rot, blass).
- Beschreibe die Kleidung und die Schuhe.
- Schreibe Eigenschaften, die du von dieser Person weißt (nett, hilfsbereit, freundlich, streng, liebevoll, zuverlässig).

Hier hat Johanna ihre Lehrerin beschrieben:

Meine Lehrerin

Meine Lehrerin heißt Frau Berger und ist zirka 30 Jahre alt, groß und schlank. Sie hat langes, dunkelbraunes Haar, das sie meistens mit einer Haarspange im Nacken zusammenhält. Ihr Gesicht ist schmal. Sie hat braune Augen, eine mittelgroße Stupsnase und einen freundlichen Mund. Die Lippen sind oft rot geschminkt. In der Schule trägt Frau Berger meistens bequeme Hosen und weite Blusen oder Pullover. Ich denke, ihr Lieblingspullover ist ein roter Rollkragenpulli, denn den trägt sie sehr oft. Ihre Füße stecken in mittelbraunen, flachen Lederschuhen mit einer weichen Sohle. Meistens ist Frau Berger nett und sie hat viel Geduld mit uns. Mir gefällt an ihr am besten, dass sie auch sehr lustig sein und laut lachen kann.

Die Personenbeschreibung

Wen möchtest du beschreiben?
Deine Mama, deinen Papa, die Oma, den Opa, deine beste Freundin, deinen besten Freund, einen gesuchten Verbrecher, den Nachbarn?

Ein Formular ausfüllen

Sehr häufig im Leben muss man Formulare ausfüllen.
Dabei ist es wichtig, dass du dir das Formular vorher ganz genau anschaust. Dann versuchst du, Zeile für Zeile auszufüllen.
Schau genau, was in diese Zeile wirklich eingetragen werden muss und was gefragt wird.

Einige Tipps:

- Beachte, dass Formulare oft in Blockschrift ausgefüllt werden müssen.
- Verwechsle nicht Vornamen (Rufnamen) und Nachnamen (Familiennamen)
- Nenne dein genaues Geburtsdatum
- Nenne deine genaue Adresse

Anmeldung zum Kinderlager

Vor- und Zuname: Verena Lösch
Geburtsdatum: 15. 03. 20..
Adresse: Sportstraße 14, 4550 Kremsmünster

Bitte gewünschte Sportarten ankreuzen:
Ballspiele O
Radfahren ⊗
Segeln ⊗
Wandern O

Ich habe für die gewählten Sportarten eine Ausrüstung
ja O   nein ⊗

B. Lösch
Unterschrift des/der Erziehungsberechtigten

Ein Formular ausfüllen

Anmeldung zur Landschulwoche

Hiermit möchte ich mich zur Landschulwoche der 4. Klasse von 10.–15.6. in Obertraun anmelden:

Vorname: _____

Zuname: _____

Geburtsdatum: _____

Adresse: _____

_____

Telefonnummer: _____

Zimmerwunsch bitte ankreuzen:
Zweibettzimmer: o
Vierbettzimmer: o
Matratzenlager: o

_____
Unterschrift des/der Erziehungsberechtigten

Anmeldung zur Radfahrprüfung

Hiermit möchte ich mich zur Fahrradprüfung anmelden:

Vorname: _____

Zuname: _____

Geburtsdatum: _____

Adresse: _____

_____

_____
Unterschrift des/der Erziehungsberechtigten

Nach dem Schreiben

Wenn du mit einer Geschichte fertig bist, überprüfe sie noch einmal anhand der folgenden Liste!

Checkliste

- Hat die Geschichte eine Einleitung, einen Hauptteil und einen Schluss?
- Stimmt die Reihenfolge des Erzählten?
- Was ist der Höhepunkt, der wichtigste Teil?
- Sind wirklich alle Zeitwörter in der richtigen Zeit?
- Sind alle Namenwörter großgeschrieben?
- Hast du Punkte und Beistriche gesetzt?
- Hast du Redezeichen, Fragezeichen und Rufzeichen gesetzt?
- Hast du verschiedene Satzanfänge verwendet?
- Gibt es auch keine Wortwiederholungen?

Wenn du alle Punkte kontrolliert und, wenn nötig, ausgebessert hast, dann ist dir sicher eine gute Geschichte gelungen!

Textrechnungen

Liebe Eltern, liebe Lehrerinnen und Lehrer!

Der lustige Lerntiger hilft den Volksschulkindern der 3. Klasse, Schritt für Schritt Textrechnungen zu verstehen und eine Strategie zum Lösen von Textrechnungen zu entwickeln. Dabei werden die wichtigsten Schlüsselwörter in Verbindung mit den vier Grundrechnungsarten vorgestellt. Vielfältige Anwendungsbeispiele helfen beim Üben und Festigen der erlernten Strategie.

Der Inhalt entspricht dem österreichischen Lehrplan. Im Inhaltsverzeichnis sind alle Kapitel übersichtlich aufgelistet. Jedes Kapitel kann einzeln und unabhängig bearbeitet werden und ist in sich abgeschlossen.

Ein wichtiges Symbol ist der orange Rahmen.
Er bedeutet: Wichtig! Schau genau und merk es dir!
Ein Lösungsheft zur einfacheren Überprüfung liegt dem Buch bei.

Einige Tipps für den besseren Lernerfolg:

- Ein ruhiger und aufgeräumter Arbeitsplatz bringt Ordnung und Struktur.
- Lob und Anerkennung für geleistete Arbeit stärken das Selbstvertrauen Ihres Kindes.
- Bei kleinen „Durchhängern" helfen frische Luft, Wasser und eine kleine Pause.
- Im Vordergrund dieses Übungsheftes sollen jedoch Freude und Spaß am Lernen stehen, damit die Motivation erhalten bleibt.

Viel Spaß und Erfolg wünschen

Dipl.-Päd. Henrietta Bacovsky und
Dipl.-Päd. Christine Drexler

Plusrechnungen: Dazugeben

Plus

Signalwörter
kommt dazu/kommen dazu   kauft/kaufen   geschenkt bekommt/bekommen   gibt dazu/geben dazu
erhält/erhalten   steigt ein/steigen ein   spart/sparen
gewinnt/gewinnen   und   schenkt/schenken

Text: Das weiß ich!

Julia hat 37 Sammelkarten.
Von ihrem Bruder bekommt sie noch 3.

Frage: Was will ich wissen?

Wie viele Sammelkarten hat Julia insgesamt?

Zeichnung: Was passiert?

Signalwort: Welches Wort hilft mir?   **Rechenzeichen: Plus**

bekommt   →   ☐

Rechnung: So rechne ich!

37 + =

Antwort: Das ist die Antwort!

Julia hat insgesamt ____ Sammelkarten.

Plusrechnungen: Dazugeben

So löst du jede Textaufgabe!

Text lesen → Frage verstehen → Signalwort finden → Rechengeschichte zeichnen → rechnen → Antwort schreiben

In einer Seilbahn sind 46 Personen. Bei der nächsten Station steigen 13 Leute ein. Wie viele Personen sind jetzt in der Seilbahn?

R: _____
A: _____

Clemens, der Pirat, findet eine Schatztruhe mit 66 Goldmünzen. Im Sand findet er dann noch 10 Münzen. Wie viele Münzen hat Clemens insgesamt?

R: _____
A: _____

In einem Kinosaal sitzen schon 52 Menschen. Es kommen noch 8 Menschen dazu. Wie viele Leute sitzen jetzt im Kino?

R: _____
A: _____

In einem Zoo leben 23 Erdmännchen. Der Zoo bekommt noch 6 Erdmännchen geschenkt. Wie viele Erdmännchen leben jetzt im Zoo?

R: _____
A: _____

Minusrechnungen: Wegnehmen

Signalwörter
geht weg/gehen weg   bezahlt/bezahlen   verliert/verlieren
schenkt/schenken   nimmt weg/nehmen weg
weniger   steigt aus/steigen aus   gibt heraus/geben heraus
… davon   nimmt heraus/nehmen heraus
fällt um/fallen um   werden entnommen

Text: Das weiß ich!

Zejna hat 57 Murmeln.
Sie schenkt ihrer Freundin 5 Murmeln.

Frage: Was will ich wissen?

Wie viele Murmeln bleiben Zenja noch?

Zeichnung: Was passiert?

Signalwort: Welches Wort hilft mir?   **Rechenzeichen: Minus**

schenkt

Rechnung: So rechne ich!

57 - ☐ = ☐

Antwort: Das ist die Antwort!

Zejna bleiben noch ____ Murmeln.

Minusrechnungen: Wegnehmen

So löst du jede Textaufgabe!

- Text lesen
- Frage verstehen
- Signalwort finden
- Rechengeschichte zeichnen
- rechnen
- Antwort schreiben

In einer Parkgarage stehen 87 Autos. Nach einiger Zeit fahren 12 Autos aus der Garage hinaus. Wie viele Autos stehen jetzt in der Garage?

R: _____
A: _____

In der U-Bahn sitzen 36 Fahrgäste. Bei der Station steigen 8 Leute aus. Wie viele Fahrgäste sitzen noch in der U-Bahn?

R: _____
A: _____

Im Theater sitzen 90 Besucher. Nach der Pause gehen 11 Leute nach Hause. Wie viele Besucher sind noch im Theater?

R: _____
A: _____

In einem Aquarium schwimmen 72 Fische. 21 Fische werden verkauft. Wie viele Fische schwimmen jetzt noch im Aquarium?

R: _____
A: _____

Malrechnungen: Vervielfachen

Signalwörter
verdoppeln   dreifach   zweimal, dreimal …
doppelt   jedes Mal   je   jeder   x-mal so viele
in jedem   zu je   in einer … sind
in 2, in 3 … sind

Text: Das weiß ich!

Ella hat 30 Zuckerln in der Naschlade.
Stefan hat doppelt so viele wie Ella.

Frage: Was will ich wissen?

Wie viele Zuckerln hat Stefan?

Zeichnung: Was passiert?

Signalwort: Welches Wort hilft mir?

doppelt   →   ☐

Rechnung: So rechne ich!

30 · ☐ = ☐

Antwort: Das ist die Antwort!

Stefan hat ____ Zuckerln.

Malrechnungen: Vervielfachen

So löst du Textaufgaben!

Text lesen → Frage verstehen → Signalwort finden → rechnen → Antwort schreiben

In eine Gondel passen 25 Personen.
Wie viele Personen passen in 3 Gondeln?

R: _____
A: _____

In einer Packung sind 12 Stifte.
Wie viele Stifte sind in 7 Packungen?

R: _____
A: _____

Auf einen Gabelstapler passen 8 Kisten.
Wie viele Kisten passen auf 8 Gabelstapler?

R: _____
A: _____

Ein Fotoalbum hat 32 Seiten.
Wie viele Seiten haben 4 Alben?

R: _____
A: _____

Geteiltrechnungen: Teilen

Signalwörter
verteilt/verteilen   halbieren/die Hälfte
teilt auf/teilen auf   verteilen untereinander
teilt in/teilen in   jeweils

Text: Das weiß ich!

Paula hat 12 Kekse.
Sie teilt sie gerecht mit ihrem Freund.

Frage: Was will ich wissen?

Wie viele Kekse bekommt jeder?

Zeichnung: Was passiert?

Signalwort: Welches Wort hilft mir?   **Rechenzeichen: Teilen**

teilt   →   ☐

Rechnung: So rechne ich!

12 : ☐ = ☐

Antwort: Das ist die Antwort!

Jeder bekommt ____ Kekse.

Geteiltrechnungen: Teilen

So löst du Textaufgaben!

Text lesen → Frage verstehen → Signalwort finden → rechnen → Antwort schreiben

In einem Schmuckgeschäft gibt es 134 Ohrringe.
Wie viele Paar Ohrringe sind in dem Geschäft?

R: _____
A: _____

Bei einem Fest gibt es 96 kleine Schnitzel zu essen.
Wie viele Gäste können davon essen,
wenn sich jeder Gast 3 Schnitzel nimmt?

R: _____
A: _____

In einer Gärtnerei sollen 91 Blumenzwiebeln auf 7 Beete
verteilt werden. Wie viele Blumenzwiebeln kommen in jedes Beet?

R: _____
A: _____

Auf einer Weide sind 88 Pferdehufe.
Wie viele Pferde stehen auf der Weide?

R: _____
A: _____

Textrechnungen im Zahlenraum 100

Hannah hat 48 Erdbeeren. In der Pause verschenkt sie 19 Beeren.
Wie viele Erdbeeren bleiben ihr noch?

R: _____
A: _____

In einem Schuhgeschäft stehen 84 Schuhe in einem Regal.
Wie viele Paare stehen in dem Regal?

R: _____
A: _____

Die Autorin schreibt ein Buch mit 96 Seiten.
Sie hat schon 35 Seiten geschrieben.
Wie viele Seiten muss sie noch schreiben?

R: _____
A: _____

Für eine Kette braucht Alissa 24 Perlen.
Wie viele Perlen braucht sie für 4 Ketten?

R: _____
A: _____

Am Vormittag bekommen die Seelöwen 45 Fische zu fressen.
Am Nachmittag fressen die Tiere noch einmal 47 Fische.
Wie viele Fische fressen die Seelöwen an einem Tag?

R: _____
A: _____

Textrechnungen im Zahlenraum 100

Lukas hat 68 Münzen. Auf der Straße verliert er 12 Münzen.
Wie viele Münzen hat er noch?

R: _____
A: _____

Für einen Milchshake braucht Lena 13 Erdbeeren.
Wie viele Erdbeeren braucht Lena für 5 Milchshakes?

R: _____
A: _____

Auf einem Bauernhof gibt es 46 Hühner.
Wie viele Beine haben alle Tiere zusammen?

R: _____
A: _____

In einem Getränkeautomat sind 19 Dosen.
Herr Kober gibt noch 81 Dosen dazu.
Wie viele Dosen sind jetzt in dem Automat?

R: _____
A: _____

Am einem Tag reinigt der Rauchfangkehrer 15 Schornsteine.
Wie viele Schornsteine reinigt der Rauchfangkehrer in 5 Tagen?

R: _____
A: _____

Rechnen mit Euro im Zahlenraum 100

Daniela hat 58 € in ihrem Sparschwein.
Von ihrer Mutter bekommt sie noch 37 € dazu.
Wie viel Geld hat Daniela jetzt im Sparschwein?

R: _____
A: _____

Thomas hat 99 € gespart. Er kauft sich ein Handy um 93 €.
Wie viel Geld hat Thomas dann noch?

R: _____
A: _____

Bernd, Noam, Clara und Manuela bekommen zusammen 100 €.
Sie teilen das Geld gerecht auf. Wie viel Geld bekommt jeder?

R: _____
A: _____

Johannes spart jeden Tag 3 €.
Wie viel Geld hat er in 2 Wochen gespart?

R: _____
A: _____

Felix bekommt von seiner Tante 33 € und von seinem Onkel 57 €.
Wie viel Geld hat er insgesamt bekommen?

R: _____
A: _____

Rechnen mit Kilogramm im Zahlenraum 100

 Der Tierpfleger füttert die Tiger mit 24 kg und die Löwen mit 73 kg Fleisch.
Wie viel kg Fleisch bekommen die Tiere insgesamt?

R: _____

A: _____

 In einem Säckchen sind 16 g Backpulver.
Jeweils 3 Säckchen werden gemeinsam in Zellophan verpackt.
Wie viel g Backpulver sind in einer Verpackung?

R:

A: _____

_____

_____

Mathias kauft Katzenfutter ein.
Eine Dose Katzenfutter wiegt 87 g.
Mathias gibt seiner Katze nicht alles auf einmal, sondern teilt das Futter auf drei Portionen auf. Wie viel g enthält eine Portion?

R:

A: _____

_____

_____

Rechnen mit Längen im Zahlenraum 100

 Emran, Markus und Jonas wohnen in der Nähe einer Bushaltestelle.
Emran geht von der Haltestelle 59 m nach Hause.
Markus muss noch 34 m weiter gehen.
Wie weit ist der Weg für Markus von der Haltestelle bis nach Hause?

R: _____
A: _____

Jonas wohnt um 27 m näher an der Haltestelle als Emran.
Wie viel m wohnt Jonas von der Haltestelle entfernt?

R: _____
A: _____

 Mira braucht zum Basteln 3 Holzstäbe.
Sie schneidet zuerst einen 15 cm langen Stab, dann einen 20 cm
und zuletzt einen 37 cm langen Stab ab.
Wie lang sind alle Holzstäbe zusammen?

R: _____
A: _____

 Isabel macht beim Weitwurf mit. Der erste Wurf geht 37 m weit, der
zweite 38 m und der letzte Wurf nur noch 23 m weit.
Wie viele m sind die drei Würfe zusammen?

R: _____
A: _____

Rechnen mit Liter im Zahlenraum 100

Andi verbraucht jeden Tag Wasser. Zum Baden braucht er 49 l, zum Kochen 3 l, zum Trinken 2 l und für die WC-Spülung 35 l. Wie viel l Wasser braucht er jeden Tag?

R: _____

A: _____

Herr Fischer geht einkaufen. Er kauft 3 l Milch, 1 l Joghurt, 7 l Orangensaft und 24 l Mineralwasser. Wie viel l Flüssigkeit hat er insgesamt eingekauft?

R: _____

A: _____

Im Keller sind 56 l Mineralwasser und 31 l Apfelsaft gelagert. Für die Geburtstagsfeier braucht Klara 17 l Wasser und 15 l Apfelsaft. Wie viel l wurden insgesamt getrunken?

R: _____

A: _____

Wie viel l sind jetzt noch im Keller gelagert?

R: _____

A: _____

Rechnen mit Zeit

 Martin besucht am Nachmittag seine Oma. Der Weg zu ihr dauert 15 min.
Er bleibt 30 min bei seiner Oma und geht dann zurück nach Hause.
Wie lange war Martin insgesamt unterwegs?

R: _____

A: _____

 Tina schaut sich im Fernsehen eine Tiersendung an.
Sie beginnt um 14:10 Uhr und endet um 14:50 Uhr.
Wie viele min dauert die Tiersendung?

A: _____

 Am Bahnhof wartet Lisa mit ihrer Familie auf den Zug von Linz nach Wien.
Der Zug soll um 9 Uhr ankommen, er verspätet sich aber um eine Stunde.
Wann kommt der Zug nun an?

R: _____

A: _____

 Die Nachrichten im Radio dauern 5 min.
Die Nachrichten im Fernsehen dauern 24 min.
Wie viele min beträgt der Unterschied?

R: _____

A: _____

Gemischte Beispiele

Paula kauft Gewürze: 2 Packerl Kümmel mit je 10 g und 4 Packerl Pfeffer mit je 20 g.
Wie viel g Gewürze kauft Paula insgesamt ein?

R:

A: _____

Lea, Marco und Filip gehen in die Bücherei und borgen sich Bücher aus.
Lea braucht 1 h 15 min, Marco braucht 20 min länger als Lea.
Filip ist 10 min schneller als Marco.
Wie lange braucht Marco in der Bücherei?

R:

A: _____

Wie lange braucht Filip?

R:

A: _____

Alexander geht einkaufen. Er kauft Orangensaft für 1 € 25 c, Aufstriche für 6 € 99 c und Brot für 2 € 49 c.
Wie viel € und c muss er insgesamt bezahlen?

R:

A: _____

Textrechnungen mit reinen Hundertern

 Im Kino gibt es mehrere Säle.
Wie viele Sitzplätze gibt es insgesamt?

Kinosaal	Anzahl der Sitzplätze
Saal 1	100
Saal 2	300
Saal 3	200

R:

A: _____

 In einer Oper gibt es 800 Sitzplätze. 500 Sitzplätze sind besetzt.
Wie viele Sitzplätze sind noch frei?

R:

A: _____

 Auf einem Bauernhof leben 600 Tiere.
In den Ferien werden 200 Tiere verkauft.
Wie viele Tiere leben jetzt auf dem Bauernhof?

R:

A: _____

  Ein Fischereibetrieb bekommt an einem Tag 800 Fische geliefert.
300 Fische werden sofort verkauft.
Wie viele Fische hat jetzt der Fischereibetrieb?

R:

A: _____

Textrechnungen mit reinen Hundertern

  Auf einer Hühnerfarm legen die Hühner täglich 100 Eier.
Wie viele Eier legen die Hühner in einer Woche?

R:

A: _____

Stefan hat 600 Münzen.
Er möchte sie gerecht mit seinen Freunden Maurice und Roland teilen.
Wie viele Münzen bekommt jeder?

R:

A: _____

Anatols Album hat 200 Seiten. Auf jede Seite passen 4 Fotos.
Wie viele Fotos passen in das Album?

R:

A: _____

In einer Putzerei befinden sich 800 gereinigte Kleidungsstücke.
Jedem Kunden gehören 5 Kleidungsstücke.
Wie viele Kunden hat die Putzerei?

R:

A: _____

Textrechnungen im Zahlenraum 1000

In einem Hotel gibt es 982 Zimmer. In der Hochsaison sind 823 Zimmer belegt. Wie viele Zimmer sind noch frei?

R:

A: _____

Paul putzt sich täglich zweimal die Zähne.
Wie oft putzt er sich die Zähne in einem Jahr (1 Jahr = 365 Tage)?

R:

A: _____

In einer Tischlerei werden am Montag 153 Schreibtische, am Dienstag 67 Sessel, am Mittwoch 24 Kästen, am Donnerstag 165 Esstische und am Freitag 407 Hocker erzeugt.
Wie viele Möbelstücke werden insgesamt in einer Woche erzeugt?

R:

A: _____

Alle 560 Kinder der Volksschulen Mauerblümchen, Sonnenwiese und Honigtau fahren auf Wandertag. Dort werden sie in 8 gleich große Gruppen aufgeteilt. Wie viele Kinder sind in einer Gruppe?

R:

A: _____

Textrechnungen im Zahlenraum 1000

In einem großen Aquarium schwimmen 115 kleine Fische.
Im Aquarium daneben schwimmen 5-mal so viele.
Wie viele Fische schwimmen in diesem Aquarium?

R:

A: _____

Auf dem Blumengroßmarkt gibt es 864 Stück rote Rosen.
Jeweils 8 Rosen werden zusammengebunden.
Wie viele Rosensträuße sind das insgesamt?

R:

A: _____

Markus kauft sich einen Geschirrspüler um 239 € und
einen Kühlschrank um 483 €.
Wie viel muss er bezahlen?

R:

A: _____

Maja soll einen Aufsatz mit 550 Wörtern schreiben.
Sie hat schon 396 Wörter geschrieben.
Wie viele Wörter fehlen ihr noch?

R:

A: _____

Von der Einheit zur Mehrheit

Einheit		Mehrheit
1 Blume	→	3 Blumen
1 Heft	→	100 Hefte

Text: Das weiß ich!

Ein Geschichtenbuch hat 80 Seiten.
Leon hat schon 4 dieser Bücher gelesen.

Frage: Was will ich wissen?

Wie viel Seiten hat Leon insgesamt gelesen?

Schreibe so:

```
1 Buch ................ 80 Seiten
                                     ↓ · 4
4 Bücher ............... ?  Seiten
```

Rechnung: So rechne ich!

80 · ▢

Antwort: Das ist die Antwort!

Leon hat insgesamt ____ Seiten gelesen.

Von der Einheit zur Mehrheit

 T: In einer Dose sind 68 Schokokugeln.
Anna kauft 7 Dosen für ihre Freunde.

F: Wie viel Schokokugeln sind es zusammen?

| 1 Dose .... 68 Kugeln |
| ___ Dosen .... ? Kugeln |

↓ · ☐

R:

A: _____

Diese Wörter helfen dir:

Einheit:
pro Stunde   je, jeweils
für jeden   jeden, jeder
ein, eine

 T: Zwei Kinder bauen mit je 134 Bausteinen ein Haus.

F: Wie viel Bausteine brauchen sie gemeinsam?

R:

A: _____

 T: In der Kinderabteilung der Bücherei stehen 5 Regale.
Jeweils 78 Bücher sind in einem Regal.

F: Wie viele Bücher sind es in allen Regalen zusammen?

R:

A: _____

Umfang

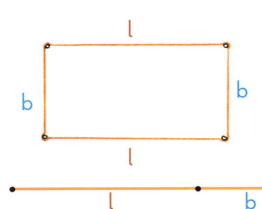

Umfang = U

Der orange Faden zeigt dir den Umfang des Rechtecks. Die Schnur geht rundherum.

 Zur Umfangberechnung gibt es 2 Möglichkeiten:
- $U = l + b + l + b$
- $U = 2 \cdot l + 2 \cdot b$

 Frau Kautzky möchte in ihrem Zimmer eine Sesselleiste legen. Das Zimmer ist 6 m lang und 4 m breit. Wie viel m Sesselleiste benötigt sie?

R:

A: _____

 Herr Pina möchte sein Grundstück einzäunen. Das Grundstück ist 68 m lang und 29 m breit. Wie viel m Zaun muss Herr Pina kaufen? Berechne den Umfang!

R:

A: _____

Umfang

 Eine rechteckige Weide soll eingezäunt werden.
Das Grundstück ist 34 m lang und 22 m breit.
Wie lange muss der Zaun sein?

R:　　　　　　　　　　　　　　A: _____

 Alfredo möchte sein Bild mit einer Holzleiste einrahmen.
Das Bild ist 32 cm lang und 21 cm breit.
Wie viel cm Holzleiste braucht er?

R:　　　　　　　　　　　　　　A: _____

Die lila Schnur zeigt dir den Umfang des Quadrates.

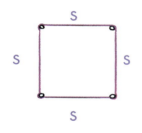

 Zur Umfangberechnung beim Quadrat
gibt es 2 Möglichkeiten:
- U = s + s + s + s
- U = 4 · s

 Iris und Peter möchten ihr quadratisches Grundstück einzäunen.
Wie viel m Zaun müssen sie kaufen,
wenn eine Seite 74 m lang ist?

R:　　　　　　　　　　　　　　A: _____

Umfang

 Frau Pixner hat ein etwas ungewöhnliches Grundstück geerbt. Bevor sie sich entscheidet, was sie damit anfangen möchte, geht sie das Grundstück ab.
Wie viele m hat Frau Pixner nach ihrem Rundgang zurückgelegt?

R:

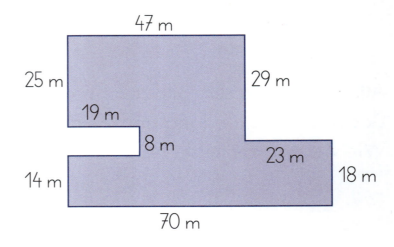

A: _____

 Ein quadratisches Grundstück hat eine Seitenlänge von 47 m. Das Grundstück soll eingezäunt werden. Zeichne eine Skizze!
1 m in Wirklichkeit = 1 mm in der Skizze
Wie viel m Zaun werden benötigt?

R:

A: _____

Umfang

 Ein 66 m langes und 42 m breites Grundstück soll mit Draht umspannt werden.
Zeichne eine Skizze! 1 m in Wirklichkeit = 1 mm in der Skizze
Wie viel m Draht werden benötigt?

R:

A: _____

 Wie viel m Draht werden benötigt, wenn das Grundstück viermal umspannt werden soll?

A: _____

 Eine rechteckige Schafweide soll eingezäunt werden. Die kürzere Seite ist 43 m lang. Die längere Seite ist doppelt so lang.
Zeichne eine Skizze! 1 m in Wirklichkeit = 1 mm in der Skizze
Wie viel m Zaun werden benötigt?

R:

A: _____

Rechnen mit Tabellen

 In Salzburg findet ein großes Chortreffen statt.
Chöre aus verschiedenen Städten singen miteinander.

Setze die fehlenden Zahlen ein:

Chorname	Frauen	Männer	Kinder	Gesamt
Klingklang	37	24	0	
Singsang		68	15	124
Halli-Hallo	14		27	59

Klingklang:

Singsang:

Halli-Hallo:

Das letzte Lied singen die 3 Chöre gemeinsam.
Wie viel Chormitglieder stehen insgesamt auf der Bühne?

R: A: _____

Rechnen mit Tabellen

Für die Aufforstung von 3 Wäldern legt der Förster eine Tabelle an, um sich einen besseren Überblick zu verschaffen.
Hilf ihm, die fehlenden Zahlen in der Tabelle zu ergänzen!

	Tannen	Eichen	Fichten	Gesamt
Stadtwald	119	75	92	
Bergwald	275	0		536
Mooswald		175	477	998

Stadtwald:

Bergwald:

Mooswald:

Wie viele Fichten sind es in allen Wäldern zusammen?

R: A: _____

Am Bahnhof

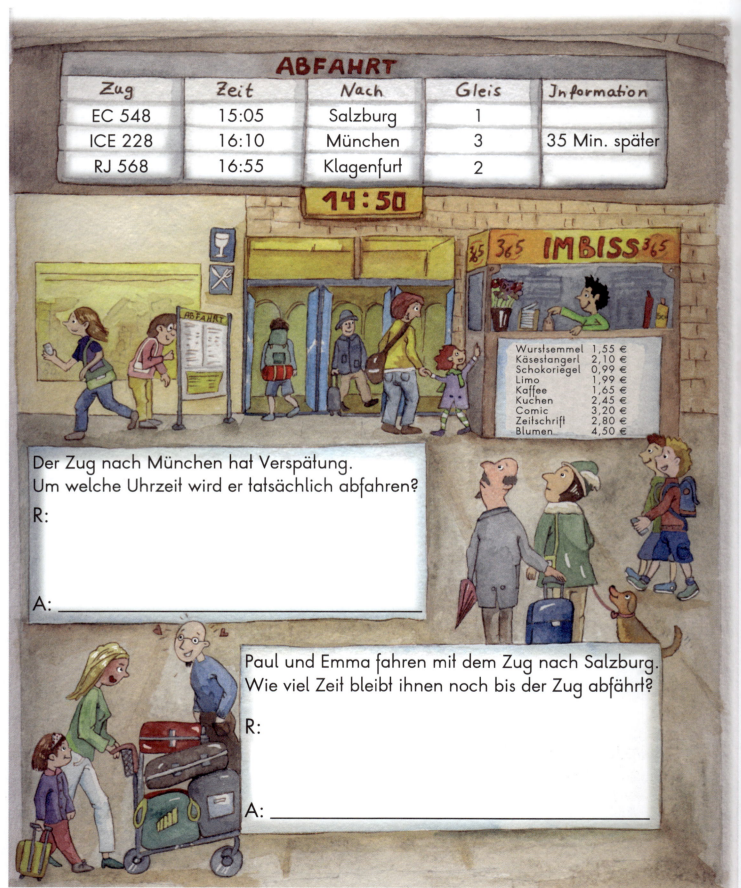

Der Zug nach München hat Verspätung.
Um welche Uhrzeit wird er tatsächlich abfahren?

R:

A:

Paul und Emma fahren mit dem Zug nach Salzburg.
Wie viel Zeit bleibt ihnen noch bis der Zug abfährt?

R:

A:

Am Bahnhof

Herr Biric kauft 2 Wurstsemmeln, 2 Käsestangerl, 3 Limonaden, 1 Kaffee, 4 Schokoriegel, 1 Stück Kuchen und 1 Comic-Heft.
Wie viel € und c muss er bezahlen?

R:

A: _____

Familie Biric fährt mit dem Zug nach Klagenfurt. Wie viel Zeit bleibt ihr noch, um Reiseproviant einzukaufen?

R:

A: _____

Die Zugfahrt nach Klagenfurt wird 5 Stunden dauern. Wann wird Familie Biric in Klagenfurt ankommen?

R:

A: _____

Gemischte Beispiele

Samuel und seine Freunde fahren mit der U-Bahn.
Setze die fehlenden Zahlen ein:

	1. Wagon	2. Wagon	3. Wagon	4. Wagon
Personen sitzen	45	57		29
Personen stehen		21	19	
Gesamt	68		54	73

Wie viel Fahrgäste fahren insgesamt mit dieser U-Bahn?

R: A: _____

4 Freunde gewinnen mit ihrem Glückslos gemeinsam 936 €
Sie teilen den Gewinn gerecht auf.
Wie viel € bekommt jeder von ihnen?

R: A: _____

Sabina hat im Fotoshop ein Familienfoto vergrößern lassen.
Der Umfang beträgt 1 m. Das Bild ist 20 cm hoch.
Wie breit ist das Bild?

R: A: _____

Gemischte Beispiele

 In einem Kaufhaus arbeiten insgesamt 978 Angestellte.
In der Spielwarenabteilung sind 123 Angestellte,
in der Haushaltsabteilung sind 201 Angestellte und in der Sportabteilung
arbeiten doppelt so viele Angestellte wie in der Spielwarenabteilung.

a) Wie viel Angestellte arbeiten in der Sportabteilung?

b) Wie viel Angestellte arbeiten in den anderen Abteilungen?

R:

a) A: _____

b) A: _____

Auf einem Faschingsfest sind 512 Gäste. Davon sind 274 Frauen und
halb so viele Männer wie Frauen. Der Rest sind Kinder.

a) Wie viel Männer sind auf dem Fest?

b) Wie viel Kinder sind auf dem Fest?

R:

a) A: _____

b) A: _____

Auf der Schatzinsel

Der Tiger hat am Dachboden in einer Kiste eine alte Karte gefunden und macht sich nun mit seinen Freunden auf den Weg zur Schatzinsel. Hilf ihnen, den Schatz zu finden!

Auf der Schatzinsel

🔑 Der Weg von der Höhle zum Eierfelsen ist um 25 m kürzer als der Weg vom Boot zur Höhle.
Wie weit ist der Weg vom Eierfelsen bis zu den drei Palmen?

R: A: _____

🔑 Die Schatzsucher sind bei der Piratenklippe. Leider haben sie ihre Rucksäcke in der Totenkopfhöhle liegen gelassen. Sie müssen die Rucksäcke holen. Wie weit ist der Weg von der Piratenklippe zur Höhle?

R: A: _____

🔑 Die Schatztruhe ist zu schwer zum Tragen und deshalb müssen die Schatzsucher mit dem Gold und den Edelsteinen den Weg vom Boot zu den drei Palmen zweimal gehen. Wie viel m ist der Hin- und Rückweg zusammen?

R: A: _____

🔑 Wie weit ist der gesamte Weg vom Ruderboot am Strand bis zur Piratenklippe?

R: A: _____

Die Klassiker-Reihe im Lesezug

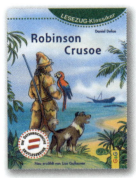
ISBN 978-3-7074-1815-6
€ 8,95

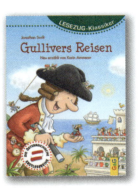
ISBN 978-3-7074-1971-9
€ 8,95

ISBN 978-3-7074-2069-2
€ 8,95

ISBN 978-3-7074-2116-3
€ 8,95

ISBN 978-3-7074-1814-9
€ 8,95

ISBN 978-3-7074-1851-4
€ 8,95

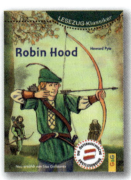
ISBN 978-3-7074-1850-7
€ 8,95

ISBN 978-3-7074-2209-2
€ 8,95

DURCHBLICK VOLKSSCHULE

Eva Siwy
**Ich hab den Durchblick
Diktate
3. Klasse Volksschule**
40 Seiten, mit Elternheft mit Diktattexten
21 x 29,7 cm, kartoniert
ISBN 978-3-7074-2020-3
€ 9,95

Weitere Titel erhältlich unter www.ggverlag.at